# LA VERDAD SOBRE EL ROBO DE IDENTIDAD Y CÓMO DEFENDERSE

Una guía paso a paso - Cómo proteger tu identidad, reparar tu crédito, recobrar la claridad y recuperar el control de tu vida financiera y tu tranquilidad.

JACQUELINE WILLCOT

Descargo de responsabilidad:

La información proporcionada en este libro es solo para fines educativos e informativos y no constituye asesoramiento legal. Si bien se ha hecho todo lo posible para garantizar la precisión, se recomienda a los lectores que consulten con un abogado calificado en derecho del consumidor o un profesional legal para obtener asesoramiento específico para su situación individual. Las leyes y regulaciones pueden variar según el estado, y siempre se debe buscar orientación legal cuando se trata de problemas complejos de crédito o deuda.

## Agradecimientos

## Una nota especial para mi editora

Gracias a mi increíble editora, Mary. Estoy muy agradecida por tu paciencia, diligencia y la forma en que te ocupaste de cada pequeño detalle para hacer que este libro brille. Tu ojo agudo y tu apoyo constante marcaron la diferencia. Has hecho un trabajo increíble, muchas gracias.

# Índice

# UNO

## Acerca del robo de identidad

Imagínate despertarte un día y descubrir que alguien ha usado tu información personal y buen puntaje de crédito para abrir tarjetas de crédito a tu nombre. Años de construir diligentemente tu calificación crediticia han sido eliminados porque un extraño ha acumulado deudas y facturas impagas a tu nombre. Te sientes violado, confundido, enojado y abrumado. ¿Cómo empiezas a reparar los daños y restaurar tu buen nombre?

**El robo de identidad afecta a millones de estadounidenses cada año** y puede tener un costo grave, tanto financiero como emocional y mental. Resolver ese daño puede ser complejo y tomar mucho tiempo, por lo que es muy importante comprender el proceso y saber a dónde acudir en busca de ayuda.

*La verdad sobre el robo de identidad y cómo defenderse* es una guía práctica creada para empoderar a las personas con información clara, estrategias comprobadas y recursos útiles para recuperar el control después de experimentar fraude de identidad. En este libro, aprenderás:

- Los diversos tipos de robo de identidad, como el fraude financiero, el robo de identidad médica, la suplantación de identidad criminal y el uso indebido del Seguro Social, y cómo ocurre típicamente cada uno

- Instrucciones paso a paso sobre cómo recuperarse de cada tipo específico, incluyendo a quién contactar, qué documentar y cómo protegerse de futuros ataques

- Cómo presentar reportes oficiales, congelar tu crédito y disputar cuentas fraudulentas con las agencias correspondientes

- Consejos prácticos para proteger tu información personal, monitorear tu crédito y prevenir futuros robos de identidad

Este libro es solo para fines educativos y no pretende servir como asesoramiento legal. Si has sido víctima de robo de identidad, te recomendamos que te comuniques con las agencias federales correspondientes, como la Comisión Federal de Comercio (FTC, por sus siglas en inglés) y la policía local, para presentar un reporte y comenzar el proceso de resolución.

# DOS

# Cómo comprender el robo de identidad y las tendencias de fraude

En 2012, aproximadamente 16.6 millones de residentes de los Estados Unidos de 16 años o mayores experimentaron robo de identidad, lo que representa aproximadamente el 7% de la población. Para 2021, este número había aumentado a aproximadamente 23.9 millones de personas, lo que representa aproximadamente el 9% de la población de los Estados Unidos en ese grupo de edad.

La mayoría de los casos de robo de identidad involucran el uso indebido de la información de la cuenta existente. Esto significa que alguien obtuvo acceso no autorizado a cuentas que la víctima ya usa, como una tarjeta de crédito, una cuenta bancaria, un correo electrónico o redes sociales. De hecho, el 76 por ciento de las víctimas dijo que solo un tipo de cuenta se vio afectada. Estos incidentes frecuentemente incluyen compras no autorizadas, transferencias de fondos o suplantación de identidad utilizando las cuentas en línea de la víctima. Muchas personas no se dan cuenta de que su información ha sido robada hasta después de que el daño está hecho.

Esta tendencia al alza muestra lo común que se está volviendo el robo de identidad y muestra por qué es tan importante tomar medidas para proteger tu información personal.

## DEFINICIÓN
### Robo de identidad:

*Un delito en el que alguien utiliza de manera ilícita la información personal de otra persona —como números de cuenta, datos de licencia de conducir, información de seguro médico o números de Seguro Social— para cometer fraude.*

EL ROBO de identidad no es un delito sin víctimas. Alrededor del 66% de las víctimas de robo de identidad incurrieron en pérdidas financieras directas. La mitad de las víctimas perdieron $100 o más.

La duración de la resolución varía según la gravedad del delito; sin embargo, la mayoría de las víctimas de robo de identidad pudieron resolver su problema en un día o menos. Otros, aproximadamente el 29% de las víctimas, pasaron un mes o más resolviendo sus problemas.

Las víctimas cuya información personal se utilizó para abrir nuevas cuentas enfrentaron consecuencias más graves. Tuvieron más probabilidades de experimentar pérdidas financieras significativas, problemas de crédito, problemas con sus relaciones y angustia emocional severa.

Según la Comisión Federal de Comercio (FTC), los consumidores informaron haber perdido más de $12.5 mil millones por fraude en 2024, lo que marca un aumento del 25% con respecto al año anterior.

# PRINCIPALES CATEGORÍAS Y EJEMPLOS DE FRAUDE

1. **Estafas de inversión**: Estas estafas resultaron en las pérdidas más altas reportadas, por un total de $5.7 mil millones en 2024, un aumento del 24% con respecto a 2023.

*Ejemplo:*

Los estafadores se hicieron pasar por figuras públicas como Elon Musk para promover plataformas de criptomonedas falsas. Se alentó a las víctimas a invertir grandes cantidades de dinero, solo para descubrir más tarde que las plataformas eran fraudulentas.

2. **Estafas de impostores**: Estas fueron segundas en pérdidas totales reportadas. Las estafas de impostores generaron pérdidas de $2.95 mil millones en 2024.

*Ejemplo:*

Los estafadores se hicieron pasar por funcionarios del gobierno, agentes de orden público o de soporte técnico, convenciendo a las víctimas de que proporcionaran información personal o enviaran dinero bajo la creencia de que estaban evitando problemas legales o resolviendo problemas técnicos urgentes.

3. **Estafas de compras en línea**: Si bien no son las más altas en pérdidas monetarias, el fraude de compras en línea fue uno de los tipos de estafas más comúnmente reportados.

EJEMPLO:

Las víctimas fueron engañadas para que compraran artículos en sitios web falsos o anuncios en redes sociales. En muchos casos, los productos nunca se entregaron o eran significativamente diferentes de lo que se anunció.

4. **Estafas de publicación de trabajos y empleo**: Estas estafas han crecido rápidamente, con pérdidas reportadas que aumentaron de $90 millones en 2020 a $501 millones en 2024.

*Ejemplo:*

Los estafadores anunciaron trabajos falsos y pidieron a los solicitantes que pagaran por materiales de capacitación o verificaciones de antecedentes. Otros fueron "contratados" y se les pidió que realizaran tareas o hicieran compras con cheques fraudulentos, lo que provocó pérdidas financieras y robo de identidad.

Estas crecientes tendencias revelan la rapidez con la que los estafadores adaptan sus tácticas para explotar nuevas plataformas, tecnologías y vulnerabilidades con el fin de llegar a más víctimas.

Se alienta a los consumidores a mantenerse informados y **alerta**, especialmente cuando encuentran ofertas que parecen demasiado buenas para ser reales o que implican presión para actuar rápidamente con dinero o datos personales. Los estafadores frecuentemente confían en la urgencia y la manipulación emocional para engañar a las personas para que tomen decisiones apresuradas. Tomar un momento para hacer una pausa, verificar la fuente y hacer preguntas puede ayudar a evitar errores costosos.

## Tipos de robo de identidad

EL ROBO de identidad se presenta de muchas formas, y cada forma requiere una estrategia diferente para **DETECTARLO**, **PREVENIRLO** y **RESOLVERLO.** Este libro te guiará a través de cómo reconocer las señales de advertencia tempranas, tomar medidas proactivas para proteger tu información personal y responder de manera efectiva si tu identidad se ve comprometida. Ya sea detectando cargos desconocidos, congelando tu crédito o denunciando fraudes a las agencias adecuadas, aprenderás qué hacer y cuándo hacerlo.

A continuación se presentan los tipos más comunes de robo de identidad, junto con ejemplos prácticos para ilustrar cómo ocurre cada uno.

# 1. Robo de identidad financiera

Un delincuente usa la información financiera personal de otra persona, como números de tarjetas de crédito, detalles de cuentas bancarias o credenciales de inicio de sesión— para robar dinero o realizar compras no autorizadas.

*Ejemplo:*

Un pirata informático obtiene acceso a la cuenta bancaria en línea de Travis después de iniciar sesión en su cuenta usando el WI-FI gratuito de un hotel. El ladrón transfiere $1,000 a una cuenta imposible de rastrear antes de que Travis se dé cuenta.

# 2. Robo de identidad de impuestos

Un ladrón usa un número de Seguro Social robado para presentar una declaración de impuestos falsa y reclamar un reembolso. Este tipo de fraude ha aumentado con el aumento de la presentación de impuestos electrónica.

*Ejemplo:*

Días antes de la fecha límite del 15 de abril, Taylor intenta presentar electrónicamente sus impuestos, solo para descubrir que otra persona ya presentó una declaración a su nombre y recibió su reembolso.

## 3. Fraude de beneficios gubernamentales

Una persona usa la identidad de otra persona para solicitar beneficios como seguro de desempleo, Seguro Social, Medicaid o SNAP.

*Ejemplo:*

Krystal recibe una carta que dice que ha sido aprobada para recibir beneficios de desempleo en otro estado, a pesar de que está empleada a tiempo completo y nunca la solicitó.

## 4. Fraude de servicios públicos

Un delincuente abre cuentas de servicios públicos, como gas, electricidad o cable, a nombre de otra persona y deja las facturas sin pagar, dañando el crédito de la víctima.

*Ejemplo:*

Troy encuentra una factura de electricidad morosa en su informe de crédito de una dirección donde nunca ha vivido.

# 5. Robo de identidad relacionado con el empleo

Una persona usa la identidad de otra persona para conseguir un trabajo, a menudo para evitar verificaciones de antecedentes u ocultar su identidad real. Esto puede resultar en problemas fiscales para la víctima.

*Ejemplo:*

Lexi recibe un aviso del IRS sobre ingresos no declarados de un empleador para el que nunca ha trabajado. Otra persona usó su número de Seguro Social para obtener empleo porque no pudo pasar la verificación de antecedentes con su identidad real.

# 6. Robo de identidad de seguro

Un ladrón usa información de identidad robada para presentar reclamos fraudulentos por atención médica, accidentes automovilísticos u otros beneficios de seguro.

*Ejemplo:*

David descubre que alguien presentó un reclamo de seguro de automóvil falso utilizando su número de póliza e información personal. Su compañía de seguros emitió un cheque de reembolso al estafador por reparaciones de carrocería que nunca se hicieron.

# 7. Robo de identidad médica

Una persona usa la identidad o el seguro médico de otra persona para recibir tratamiento médico, recetas o equipos.

*Ejemplo:*

Diamond recibe una factura por una visita a la sala de emergencias en una ciudad en la que nunca ha estado. Más tarde, se entera de que alguien usó su tarjeta de seguro en el hospital para obtener los servicios que necesitaban sin tener que pagar la factura.

## 8. Robo de identidad criminal

Un delincuente proporciona información personal robada cuando es arrestado o multado. Esto puede conducir a antecedentes penales falsos para la víctima del robo de identidad.

*Ejemplo:*

Después de una parada de tráfico de rutina, la policía le dice a Michael que hay una orden para su arresto. Resulta que alguien usó su nombre e información durante un arresto anterior.

## 9. Robo de identidad infantil

El número de Seguro Social de un niño se usa para abrir líneas de crédito, solicitar préstamos o establecer cuentas fraudulentas, que con frecuencia no se detectan durante años.

*Ejemplo:*

Cuando Kelsie, de 17 años, solicita un préstamo estudiantil, descubre que su crédito está arruinado porque una ex niñera usó su identidad años antes para abrir varias tarjetas de crédito que entraron en cobranzas.

## 10. Robo de identidad sintético

Un estafador combina información real y falsa (como usar el número de Seguro Social de un niño con un nombre ficticio) para crear una identidad completamente nueva y abrir cuentas fraudulentas.

*Ejemplo:*

Un perfil sintético que utiliza un número de Seguro Social robado se utiliza para abrir tarjetas de crédito que están al límite y no se pagan, dañando el crédito real del dueño del número.

## 11. Robo de identidad biométrico

A medida que más sistemas utilizan datos biométricos (como huellas dactilares, reconocimiento facial o escaneos de iris), los delincuentes se enfocan en esta información mediante brechas de datos.

*Ejemplo:*

Una brecha de seguridad cibernética en una empresa de tecnología expone los registros de huellas dactilares de miles de empleados, que luego se venden en la web oscura.

## 12. Fraude de billeteras digitales y criptomoneda

Los ladrones obtienen acceso a billeteras digitales, intercambios de criptomonedas o plataformas de finanzas descentralizadas (DeFi) para robar activos de cripto o NFT.

*Ejemplo:*

Makayla hace clic en un enlace de phishing que refleja su página de inicio de sesión de intercambio de criptomonedas. Después de ingresar sus datos, $ 4,500 en Ethereum son robados de su cuenta en cuestión de minutos.

## Cómo ocurre el robo de identidad

El robo de identidad puede ocurrir de varias maneras, desde métodos simples y de baja tecnología hasta esquemas digitales bastante avanzados. Los ladrones pueden robar correo, buscar en la basura en busca de documentos desechados o incluso hacerse pasar por empresas legítimas para engañar a las personas para que revelen información confidencial. Las tácticas más sofisticadas incluyen correos electrónicos de phishing, brechas de datos, sitios web falsos y el uso de inteligencia artificial para imitar voces o crear mensajes convincentes. En algunos casos, los delincuentes compran o venden información robada en la web oscura. Entender cómo ocurren estos ataques es el primer paso para protegerte porque cuanto más sabes, más difícil es que alguien robe tu identidad.

## Tácticas tradicionales

Uno de los métodos más comunes de robo de identidad es el robo físico de documentos. Los ladrones pueden buscar en la basura ("hurgar en la basura") o robar el correo para obtener información confidencial como extractos bancarios, ofertas de crédito preaprobadas o registros médicos. Otro método frecuente es el robo de billeteras o bolsos, donde el delincuente obtiene acceso inmediato a tarjetas de identificación, tarjetas de crédito y documentos de seguros.

Los ladrones también pueden usar el espionaje visual, mirando por encima del hombro de otra persona en un cajero automático, en una fila de pago o mientras usan su teléfono inteligente o computadora portátil en público. Escuchar conversaciones telefónicas a escondidas o fotografiar documentos a plena vista son otras técnicas de baja tecnología pero efectivas.

*Ejemplo:*

Joshua está viendo el partido de béisbol de su hijo cuando llama para hacer una reserva de hotel para el torneo del próximo fin de semana. El hotel requiere un número de tarjeta de crédito para reservar la habitación, por lo que Joshua lee su número al gerente de servicios al huésped por teléfono, sin saber que la persona sentada detrás de él en las gradas lo está grabando, capturando su número de tarjeta de crédito, fecha de vencimiento, el código CVV

y la dirección de la casa, el número de teléfono y la dirección de correo electrónico de Joshua.

## Ataques de ingeniería social

En esquemas más engañosos, los delincuentes utilizan la **ingeniería social** para engañar a las personas para que proporcionen datos personales. Ejemplos comunes incluyen:

- **Phishing**: Correos electrónicos o sitios web fraudulentos que imitan a instituciones legítimas para robar nombres de usuario, contraseñas o detalles financieros.
- **Vishing**: Phishing de voz por teléfono, donde un estafador finge ser de una empresa o agencia gubernamental confiable.
- **Smishing**: Phishing a través de SMS o mensajes de texto con enlaces a sitios web falsos o malware.

Los estafadores pueden hacerse pasar por representantes de bancos, compañías de tarjetas de crédito o incluso servicios de soporte técnico, convenciendo a las víctimas de que "verifiquen" los detalles de la cuenta o cambien sus contraseñas.

*Ejemplo:*

Jennifer recibió una llamada telefónica de alguien que decía ser el departamento de fraude de su banco. El identificador de llamadas incluso coincidía con el número de su banco. Le dijeron que había actividad sospechosa en su cuenta y le pidieron que verificara su número de cuenta y una contraseña de un solo uso enviada a su teléfono. En cuestión de minutos, su cuenta estaba vacía. Lo que Jennifer no sabía es que era una víctima de vishing e intercambio de SIM, con la ayuda de la suplantación de identidad de llamadas y la ingeniería social.

## Clonación y superposiciones

**La clonación de tarjetas** implica colocar dispositivos ilegales en cajeros automáticos, bombas de gasolina o lectores de tarjetas de tiendas para capturar información de tarjetas de crédito o débito. Algunos delincuentes también usan **superposiciones** (frentes falsos colocados sobre ranuras para tarjetas legítimas y teclados de PIN) que son casi indetectables para el usuario promedio.

*Ejemplo:*

Kevin y varios de sus compañeros de trabajo experimentaron cargos fraudulentos en sus tarjetas de crédito. El único denominador común fue que todos llenaron sus tanques de gasolina en la gasolinera al lado de su trabajo el mismo día. Más tarde se enteraron de que se colocó un dispositivo de clonación de tarjetas en una de las bombas de gasolina, poniendo en riesgo a todos los clientes que pagaron en esa bomba.

## Intercambio de SIM

Una táctica peligrosa y de rápido crecimiento es **el intercambio de SIM** (o secuestro de SIM), donde un ladrón engaña o soborna a un operador de telefonía móvil para que transfiera el número de teléfono de la víctima a una nueva tarjeta SIM. Una vez que obtienen el control del número, pueden interceptar códigos de seguridad y eludir la autenticación de dos factores, lo que les da acceso a cuentas de correo electrónico, bancarias y de criptomoneda.

*Ejemplo*:

Un pirata informático se une a un amigo que trabaja en una tienda de teléfonos para ayudarlo a obtener acceso a la información confidencial de las víctimas potenciales transfiriendo el número de teléfono celular de alguien a una nueva tarjeta SIM.

Continuemos con lo que sucede con la información personal del cliente.

## Explotación de las redes sociales

Los delincuentes frecuentemente extraen cuentas de redes sociales para obtener información personal. Incluso los cuestionarios o encuestas de tono ligero como "Tu nombre de telenovela" o "Escuela secundaria a la que asististe" pueden revelar respuestas a preguntas de seguridad. Las fotos compartidas públicamente de viajes, cumpleaños o nombres y relaciones de familiares proporcionan más datos de los que la gente cree.

*Ejemplo*:

Katie completa un divertido cuestionario en Facebook para revelar su "nombre artístico de Hollywood". Le pidió que combinara el nombre de su primera mascota con el nombre de la calle en la que creció. Vio a otras personas comentar con sus respuestas graciosas: Sprinkles Oakwood, Molly Main y Duke Monroe, por lo que quiso unirse, sin darse cuenta de que estaba proporcionando información valiosa que podría ser útil para los ladrones de identidad.

## Brechas de datos y estafas impulsadas por IA

Las brechas de datos a gran escala continúan exponiendo millones de registros cada año. Los delincuentes se enfocan en los principales minoristas, proveedores de cuidado médico, instituciones financieras y servicios de almacenamiento en la nube. La información robada de estas infracciones a menudo se vende en la web oscura o se utiliza para el robo de identidad sintética.

El crecimiento de la **inteligencia artificial** ha introducido nuevas amenazas. Los correos electrónicos de phishing generados por IA y los deepfakes de voz facilitan que los estafadores se hagan pasar por contactos de confianza, lo que aumenta la tasa de éxito de sus ataques.

*Ejemplo:*

Lisa recibió una llamada de su madre, o eso pensó. La voz sonaba igual que su madre: preocupada, apresurada, familiar. "Cariño, se me pinchó una llanta y necesito ayuda. El tipo que trajo el remolque dijo que son $500 por la llanta y el remolque. ¿Puedes enviárselos para que pueda comenzar?"

Lisa no dudó. Envió los $500 al número que le dio su "mamá". Más tarde esa noche, Lisa llamó para ver cómo estaba todo. Su verdadera madre respondió, completamente bien, no tenía ninguna llanta pinchada ese día y nunca había llamado.

Lisa se dio cuenta de que había sido estafada por una voz generada por IA. El estafador usó la voz de su madre para que enviara dinero directamente a un proveedor de servicios falso.

## Vulnerabilidades de dispositivos conectados

Con el crecimiento de la tecnología inteligente, han surgido nuevas superficies de ataque. Los televisores inteligentes, los altavoces de Bluetooth, los asistentes domésticos (como Alexa y Siri), los vehículos conectados a otros dispositivos y la tecnología portátil pueden ser puntos de entrada para el robo de datos si no se protegen adecuadamente. En algunos casos, el software obsoleto o las redes WI-FI inseguras pueden provocar fugas de datos o acceso remoto por parte de piratas informáticos.

*Ejemplo*:

Carter llegó a casa y encontró las luces de su sala de estar encendidas, su altavoz de Bluetooth sonando y su carrito de Amazon lleno de cientos de dólares en artículos. Él vive solo. Después de investigar en la configuración de su hogar inteligente, se dio cuenta de que su Wi-Fi no tenía contraseña y que su dispositivo Alexa no se había actualizado en meses. Un pirata informático había accedido a su red, usó sus dispositivos inteligentes de forma remota e incluso activó comandos de voz a través de su propio altavoz de Bluetooth. Todo lo que se necesitó fue una conexión insegura.

# TRES

# Cómo protegerte del robo de identidad

El robo de identidad le puede pasar a cualquiera. Cuanto más informado estés, mejor podrás proteger tu información personal tanto en el mundo físico como en el digital. Los siguientes consejos y ejemplos te ayudarán a reducir tu riesgo.

## 1. Usa contraseñas seguras y únicas

Crea contraseñas largas, complejas y diferentes para cada cuenta. Evita usar nombres, fechas de nacimiento o palabras comunes. Considera usar un administrador de contraseñas de buena reputación para almacenar y generar contraseñas de forma segura.

*Ejemplo:*

En lugar de usar "Ashley123", pruebe con una contraseña basada en frases como "¡W3Luv2Hike@Sunset!" y guárdela en un administrador de contraseñas.

## 2. Tritura documentos confidenciales

Tritura cualquier correo, facturas, estados de cuenta bancarios o documentos con información personal antes de desecharlos. Utiliza una trituradora de corte transversal para obtener la máxima protección.

*Ejemplo:*

Antes de tirar los estados de cuenta de las tarjetas de crédito antiguas, usa una trituradora para destruir la información de la cuenta y de enrutamiento para evitar que los ladrones la encuentren en el basurero.

Algunas ciudades ofrecen días de trituración comunitaria para deshacerse de manera segura de documentos financieros antiguos. Si participas, asegúrate de ver cómo se trituran tus materiales antes de irte.

## 3. Ten cuidado con los correos electrónicos, los mensajes de texto y los enlaces

Nunca hagas clic en enlaces sospechosos ni descargues archivos adjuntos de fuentes desconocidas. Siempre verifica el remitente antes de compartir información personal o financiera. Ten cuidado con las estafas de phishing (correo electrónico), vishing (teléfono) y smishing (texto).

*Ejemplos:*

Recibes un mensaje de texto de tu "banco" solicitando verificar el acceso a tu cuenta. En lugar de hacer clic en el enlace, llama al banco directamente usando un número de tu tarjeta de crédito o débito.

Recibes un correo electrónico que parece ser de tu banco, con una línea de asunto que dice: "URGENTE: Actividad inusual detectada". Te pide que hagas clic en un enlace e inicies sesión para verificar tu cuenta.

Recibes una llamada telefónica de alguien que dice ser de la compañía de tu tarjeta de crédito. Dice que su cuenta ha sido comprometida y que necesita tu número de tarjeta y PIN para asegurarla.

## 4. Supervisa tus cuentas e informes de crédito

Revisa regularmente tus estados de cuenta bancarios y de tarjetas de crédito para detectar actividades no autorizadas. Revisa tus informes crediticios de Equifax, Experian y TransUnion al menos dos veces al año en los sitios web de las cuatro agencias o en AnnualCreditReport.com.

*Ejemplo:*

Programa un recordatorio de calendario cada cuatro meses para obtener un informe de crédito gratuito de una agencia diferente y verificar si hay cuentas desconocidas.

## 5. Protege tus dispositivos

Protege teléfonos, tabletas y computadoras con contraseñas, reconocimiento facial o bloqueos de huellas dactilares. Mantén el software actualizado. Evita el Wi-Fi público para hacer transacciones financieras a menos que uses una VPN segura.

*Ejemplo:*

No inicies sesión en su cuenta bancaria desde el WI-FI de una cafetería a menos que estés utilizando una red privada virtual (VPN) segura.

## 6. Protege tu correo

Revisa tu buzón de correo diariamente y considera obtener un buzón con cerradura. Regístrate en "USPS Informed Delivery" para rastrear tu correo. Pon una pausa en tu correo cuando estés lejos de casa.

*Ejemplo:*

Durante unas vacaciones, alguien redirigió el correo de María y robó sus ofertas de tarjetas de crédito preaprobadas. Una simple solicitud de pausa de USPS podría haberlo evitado.

## 7. Ten cuidado con lo que compartes en las redes sociales

Evita compartir información personal en exceso, como nombres completos, direcciones, cumpleaños o respuestas a preguntas de seguridad. Ten cuidado con los cuestionarios en línea y las publicaciones públicas.

*Ejemplo:*

Un cuestionario de redes sociales pregunta por tu "primer automóvil" o "mascota de la escuela secundaria", información que podría ayudar a los piratas informáticos a adivinar tus preguntas de seguridad. Además, publicar sobre su reunión de la escuela secundaria les dirá a los posibles ladrones dónde fuiste a la escuela secundaria y el año en que te graduaste. Desearle a tu madre un Feliz Día de la Madre en línea expone tu apellido de soltera.

# 8. Utiliza sitios web y métodos de pago confiables

Haz compras solamente en sitios web seguros (busca el "https"- https:// www. macys.com/) y usa tarjetas de crédito o billeteras digitales confiables. Evita usar tarjetas de débito en línea, que tienen menos protecciones contra el fraude.

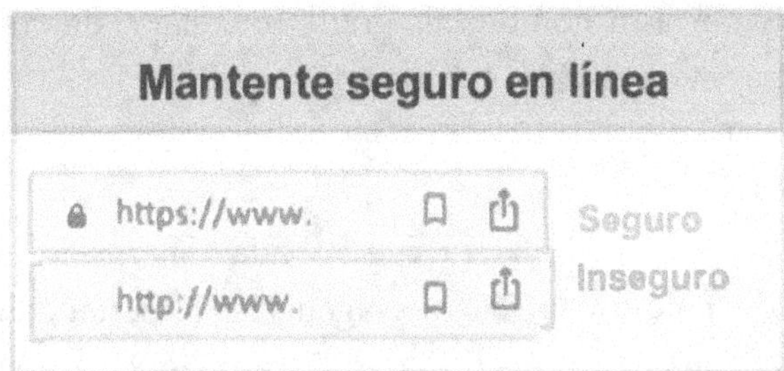



*Ejemplo:*

Sara encontró una gran oferta en cortinas en un pequeño sitio web, pero cuando intentó comprarlas, notó que el sitio de compras no tenía cifrado SSL (sin icono de candado o "https" en la dirección web). Sabiamente decidió comprar cortinas en otro sitio web.

# 9. Mantente informado sobre nuevas estafas

Los estafadores evolucionan constantemente sus tácticas. Mantente actualizado siguiendo fuentes confiables como la Comisión Federal de Comercio (FTC), la Oficina de Protección Financiera del Consumidor (CFPB) y IdentityTheft.gov.

*Ejemplo:*

Sarah leyó una alerta de la CFPB sobre una nueva estafa laboral y evitó creer en una publicación de trabajo falsa que le pedía su número de Seguro Social por adelantado.

## 10. Congela tu crédito si es necesario

Un congelamiento de crédito bloquea el acceso a tu archivo de crédito, lo que dificulta que los ladrones de identidad abran nuevas cuentas a tu nombre. Es gratis congelar y descongelar tu crédito a través de las tres agencias principales.

*Ejemplo:*

Después de que su billetera fue robada, Sharon congeló sus informes de crédito en las tres agencias: Experian, Equifax y TransUnion, visitando el sitio web de cada agencia y siguiendo los pasos para colocar un congelamiento de seguridad gratuito. Al día siguiente, un ladrón intentó abrir una tarjeta de una tienda a su nombre, pero la congelación bloqueó el intento por completo.

## Otras fuentes confiables para evitar estafas:

- **Better Business Bureau (Rastreador de estafas de BBB)** Reporta y revisa las estafas que ocurren en tiempo real en tu área. Sitio web: bbb.org/scamtracker
- **Departamento de Estafas y Fraudes del Gobierno de los Estados Unidos.** Un eje central de recursos gubernamentales sobre cómo denunciar y evitar estafas. Sitio web: usa.gov/scams-and-frauds
- **Centro de denuncias de delitos en Internet (IC3.gov)** Operado por el FBI, este sitio rastrea las tendencias de delitos cibernéticos y estafas, especialmente el fraude en línea. Sitio web: ic3.gov

- **Alianza Nacional de Ciberseguridad** Ofrece alertas, mejores prácticas y educación al consumidor para proteger tus dispositivos y datos personales. Sitio web: staysafeonline.org
- **La oficina del fiscal general de tu estado** La mayoría de las oficinas de la Fiscalía General tienen una división de fraude o una sección de protección al consumidor donde puedes registrarte para recibir alertas de estafa.

# CUATRO

# Cómo resolver el robo de identidad

> ## DEFINICIÓN
>
> **FTC:**
>
> *El acrónimo de la Comisión Federal de Comercio (FTC), un organismo gubernamental que protege a los consumidores y promueve prácticas comerciales justas. Una de las funciones clave de la FTC es brindar información para ayudar a las personas a prevenir el robo de identidad y para ayudarlas a reportar y recuperarse de incidentes de robo de identidad*

La recuperación del robo de identidad puede variar mucho según el momento en el que se descubra el fraude y cuántos tipos de cuentas se vean afectadas. Según la Comisión Federal de Comercio (FTC), el proceso de recuperación toma alrededor de seis meses en promedio y puede involucrar más de 200 horas de trabajo. Gran parte de ese tiempo se dedica a corregir información errónea, disputar cuentas fraudulentas y garantizar que la víctima no sea responsable de deudas no autorizadas.

Las víctimas con historiales crediticios sólidos pueden tener una ligera ventaja, ya que sus registros establecidos facilitan a las agencias y prestamistas la identificación de actividades inusuales o sospechosas.

# PASO 1: COLOCAR UNA ALERTA DE FRAUDE EN TU INFORME CREDITICIO

Una **alerta de fraude** es una función de seguridad gratuita que puedes agregar a tu informe crediticio si sospechas o has experimentado un robo de identidad. Actúa como una señal de alerta para los posibles prestamistas y acreedores, lo que indica que deben tomar precauciones adicionales antes de aprobar cualquier crédito nuevo a tu nombre. Esta capa adicional de protección ayuda a evitar un mayor uso indebido de tu información personal.

Cuando colocas una alerta de fraude con cualquiera de las cuatro principales agencias de informes crediticios—**Equifax, Experian, TransUnion o Innovis**—esa agencia está legalmente obligada a notificar a las demás, por lo que la alerta aparece en todos tus informes crediticios.

Una alerta de fraude ofrece varios beneficios importantes:

## Requiere verificación de tu identidad:

Antes de otorgar un nuevo crédito, los prestamistas deben tomar medidas adicionales para confirmar que tú realmente eres el solicitante. Esto puede implicar contactarte directamente o solicitar más documentos de identificación.

## Otorga acceso a informes crediticios gratuitos:

Tienes derecho a un informe crediticio gratuito de cada una de las principales agencias (Equifax, Experian, TransUnion e Innovis) para que puedas revisar tus archivos en busca de actividades no autorizadas o errores.

## Permanece activa durante un año (alerta inicial):

Una alerta de fraude inicial permanece activa durante **12 meses** y puede renovarse si es necesario. Si eres una víctima confirmada de robo de identidad, también puedes ser elegible para una **alerta de fraude extendida**, que dura **siete años** y ofrece una protección más sólida.

Las alertas de fraude son un paso inicial esencial en el proceso de recuperación y una medida preventiva inteligente si crees que tu información se ha visto comprometida, incluso si aún no se ha producido fraude. Son fáciles de configurar en línea y no afectan tu puntaje crediticio.

Visita IdentityTheft.gov para crear una cuenta y comenzar el proceso de recuperación. El portal de la FTC te permite:

- Presentar una declaración jurada oficial de robo de identidad.
- Generar cartas a acreedores y agencias.
- Realizar un seguimiento de tus pasos de recuperación de forma segura en línea.

También considera inscribirte en el **programa PIN de protección de identidad (IP PIN) del IRS**, que agrega una capa adicional de seguridad a tus declaraciones de impuestos utilizando un PIN de 6 dígitos.

## Congelamiento de crédito vs. alerta de fraude

A partir de 2018, los congelamientos de crédito son gratuitos para todos los consumidores según la ley federal. Mientras que las alertas de fraude notifican a los acreedores para que verifiquen tu identidad, los congelamientos de crédito bloquean todas las nuevas consultas de crédito por completo a menos que levantes el congelamiento.

## Tipos de alertas y congelamientos:

- **Alerta inicial de fraude:** Disponible para cualquier persona; dura un año.
- **Alerta de fraude extendida:** Dura siete años y está disponible para víctimas confirmadas de robo de identidad que proporcionen un informe policial o de la FTC.
- **Alerta de servicio activo:** Dura un año y está diseñada para miembros del servicio militar desplegados.

## Cuándo considerar un congelamiento de crédito:

Los congelamientos de crédito son gratuitos para todos los consumidores y bloquean todas las nuevas consultas de crédito por completo a menos que levantes el congelamiento tú mismo. A diferencia de las alertas de fraude, los congelamientos de crédito deben colocarse individualmente en cada agencia de crédito. Esto incluye:

- **Equifax**
- **Experian**
- **TransUnion**
- **Innovis** (una agencia de informes crediticios menos conocida pero legítima)

Congelar tu crédito con una agencia no actualiza automáticamente las demás, por lo que debes comunicarte con cada una por separado. Si necesitas solicitar un nuevo crédito, un trabajo o un seguro, puedes levantar temporalmente el congelamiento en línea o por teléfono utilizando el PIN o la contraseña proporcionados durante la configuración.

En contraste:

- Cuando colocas una **alerta de fraude** en una de las tres agencias principales (Equifax, Experian o TransUnion), esa oficina está **obligada por ley** a notificar a las otras dos.
- Esto significa que tu alerta de fraude se comparte automáticamente entre las tres agencias principales.
- **Innovis no está incluido** en este proceso de notificación automática, por lo que si deseas agregar una alerta de fraude a tu archivo de Innovis, debes solicitarla directamente.

## PASO 2: CREAR UN INFORME DE ROBO DE IDENTIDAD

Para comenzar la recuperación formal, necesitarás un Informe de robo de **identidad**, que incluye:

1. Una **declaración jurada de robo de identidad** completa de IdentityTheft.gov.

- La declaración jurada de robo de identidad es una declaración formal presentada a través de IdentityTheft.gov que detalla la actividad fraudulenta que has experimentado. Es el primer paso para crear un Informe de Robo de Identidad, que es esencial para disputar cuentas fraudulentas, solicitar correcciones a tu archivo de crédito y trabajar con acreedores o cobradores de deudas. Esta declaración jurada a menudo se puede usar en lugar de un informe policial cuando te comunicas con instituciones financieras y agencias de crédito.

2. Un **reporte policial** presentado ante tu agencia de orden público local.

- Presentar un reporte policial puede resultar intimidante o incluso innecesario si crees que el daño es solo financiero, pero juega un papel fundamental en el proceso de recuperación. El reporte sirve como documentación oficial que se puede presentar a los acreedores, agencias de crédito y cobradores de deudas cuando se disputan cuentas fraudulentas, se corrigen registros públicos y se protegen de daños mayores.

Considera la historia de Francesca, quien descubrió que alguien había abierto varias tarjetas de crédito a su nombre, acumulando miles de dólares en deudas. Ella presentó una declaración jurada de robo de identidad a través de IdentityTheft.gov, pero algunos acreedores insistieron en ver un reporte policial antes de cerrar las cuentas o eliminar los cargos de su historial.

Al presentar un informe ante su departamento de policía local, Francesca tenía el respaldo legal para impugnar esas cuentas. Un acreedor incluso había enviado la deuda fraudulenta a cobranzas, pero el Informe de Robo de Identidad combinado y la documentación policial detuvieron los esfuerzos de cobranza y revirtieron el daño a su archivo de crédito.

El reporte policial es más que una simple formalidad. Agrega una capa de **peso legal** a tu reclamo, muestra que se estás tomando en serio el fraude y puede ser crucial cuando trabajas con instituciones más difíciles o te proteges si tu información se usa indebidamente nuevamente en el futuro.

## PASO 3: NOTIFICAR A TODAS LAS EMPRESAS AFECTADAS

Las víctimas deben comunicarse con todas las empresas donde ocurrió fraude. La FTC proporciona ejemplos de cartas y listas de verificación para ayudar con este paso. La documentación y la organización son fundamentales.

## El siguiente es un ejemplo de una carta de disputa para guiarte con respecto a lo que debes incluir.

Khori Allen

1247 Maplewood Lane

Dallas, TX 75232

khori.allen@email.com

(214) 555-7834

8 de junio de 2025

· · ·

CAPITAL FINANCIAL SERVICES

Departamento de Fraude

3001 Westlake Avenue

Seattle, WA 98121


ASUNTO: Disputa de cuenta fraudulenta debido a robo de identidad

A quien corresponda,

Le **escribo para disputar una cuenta fraudulenta que ha sido reportada a mi nombre y** número de Seguro Social. Soy víctima de robo de identidad y no abrí esta cuenta ni autoricé ninguna transacción asociada con ella.

A continuación se muestran los detalles del artículo fraudulento:

Nombre del acreedor: Capital Financial Services

Número de cuenta: 547892134

Cantidad en disputa: $3,750.00

De acuerdo con la Ley de Informe Justa de Crédito (FCRA), solicito que esta cuenta sea cerrada o **eliminada y que cualquier información negativa asociada sea eliminada de mi archivo de crédito**. He adjuntado una copia de mi Informe de Robo de Identidad, que incluye:

Una declaración jurada de robo de identidad completa presentada ante la Comisión Federal de Comercio (FTC)

Un reporte policial presentado ante mi agencia de orden público local

Una copia de mi identificación emitida por el gobierno y prueba de dirección domiciliaria

**Por favor Investiguen este asunto y confirmen por escrito que la cuenta ha sido eliminada de sus** registros y que han notificado a las agencias de crédito. Si necesitan más información o documentación, no duden en ponerse en contacto conmigo.

Gracias por su pronta atención a este asunto.

Atentamente,

Khori Allen

## Consejos para manejar la comunicación:

La comunicación efectiva es clave para resolver el robo de identidad. Mantener registros precisos y hacer un seguimiento rápido puede marcar la diferencia entre una recuperación sin problemas y complicaciones prolongadas.

- Crea un registro telefónico. Registra fechas, nombres y números de teléfono de cada llamada.
- Prepara las preguntas con anticipación y anota las respuestas.
- Solo envía copias, nunca documentos originales
- Realiza un seguimiento de todos los plazos, requisitos de presentación y fechas de seguimiento

## Consideraciones especiales: Uso indebido del número de Seguro Social

Si sospechas que tu **número de Seguro Social (SSN)** se ha utilizado de manera fraudulenta:

- Comunícate con la **Administración del Seguro Social (SSA)**

inmediatamente.

- La SSA puede asignar un nuevo SSN, pero esto es raro y, por lo general, solo se hace en casos que involucran daños graves y continuos.
- Nota: Un nuevo SSN no borra tu historial anterior. Muchos sistemas continuarán vinculando tu identidad a tu número original.

Puede monitorear sus registros e historial de ganancias a través del portal de **MySSA.gov**. Se recomienda configurar esta cuenta antes de que lo haga un ladrón.

A pesar de la información errónea común, reemplazar una tarjeta de Seguro Social es gratis y no requiere mucho papeleo a menos que también cambies tu nombre o número.

**Mejor práctica:** Evita compartir tu SSN a menos que sea absolutamente necesario, mantén tu tarjeta de Seguro Social en un lugar seguro y revisa regularmente tus informes de crédito para detectar actividades sospechosas.

*Ejemplo*:

La compañera de casa de María revisó sus pertenencias mientras ella estaba en el trabajo y descubrió su tarjeta de Seguro Social, pasaporte y certificado de nacimiento en un sobre en su mesita de noche. Estos artículos habrían estado más seguros en una caja de documentos con candado.

# Fraude relacionado con declaraciones de impuestos o empleo

Si sospechas que tu información personal se ha utilizado indebidamente para presentar una declaración de impuestos fraudulenta u obtener un empleo, debes comunicarte con el Servicio de Impuestos Internos (IRS) de inmediato. Los especialistas del IRS pueden ayudarte a proteger tu cuenta, procesar tu declaración legítima y emitir cualquier reembolso al que tengas derecho.

Para reportar sospechas de robo de identidad relacionado con impuestos, envía el **Formulario 14039 del IRS (Declaración jurada de robo de identidad).** Este formulario alerta al IRS que tu número de Seguro Social puede haber sido utilizado de manera fraudulenta, por ejemplo, para presentar una declaración de impuestos a tu nombre. Utiliza este formulario si:

- No puedes presentar tu declaración electrónicamente porque ya se ha presentado una a tu nombre.
- Recibes un aviso del IRS sobre actividades sospechosas.
- Sabes o sospechas firmemente que eres víctima de robo de identidad fiscal.

Además, considera inscribirte en el **Programa de PIN de Protección de Identidad (IP PIN) del IRS**, que asigna un PIN de 6 dígitos para ayudar a evitar declaraciones de impuestos no autorizadas utilizando tu número de Seguro Social.

## Fraude que involucra al Servicio Postal de los Estados Unidos

Si crees que alguien ha presentado una solicitud fraudulenta de cambio de dirección o ha utilizado el correo para cometer robo de identidad en tu nombre, comunícate con el **Servicio de Inspección Postal de los Estados Unidos**, la rama policial del Servicio Postal de los Estados Unidos. Puedes presentar un informe a través de tu oficina de correos local o visitar uspis.gov para iniciar el proceso en línea.

## Fraude que involucra registros médicos

El robo de identidad médica puede ser particularmente perjudicial y difícil de detectar. En casos de alto perfil como el ciberataque de Change Healthcare de 2023, los ladrones accedieron a nombres, información de seguros e historiales de tratamiento, a menudo sin que las víctimas lo supieran durante meses.

Si crees que te han robado tu identidad médica:

1. **Solicita tus registros médicos** a todos los proveedores donde se haya utilizado tu información.
2. **Solicita a cada proveedor y aseguradora** un *Informe de divulgaciones* que detalle quién recibió tus datos médicos.
3. **Revisa cuidadosamente los registros** para identificar diagnósticos, recetas o servicios desconocidos.

## Para disputar errores:

- Escribe a cada proveedor identificando los errores.
- Incluye copias de los registros incorrectos y explica el error.
- Adjunta una copia de tu reporte policial o informe de robo de identidad.
- Envía toda la documentación por correo certificado y solicita un acuse de recibo.

Si un proveedor te niega el acceso a tus propios registros médicos debido a los derechos de privacidad del ladrón de identidad, puedes presentar una queja ante la **Oficina de Derechos Civiles del Departamento de Salud y Servicios Humanos de los Estados Unidos** en at www.hhs.gov/ocr.

**¿Qué es el MIB y por qué es importante?**

La **MIB (anteriormente la Oficina de Información Médica)** es una agencia especializada en informes del consumidor que recopila y comparte información médica y personal limitada con aseguradoras de vida, salud, discapacidad y atención a largo plazo. No contiene registros médicos detallados, pero señala condiciones o antecedentes que pueden afectar tu asegurabilidad.

Si aparece información incorrecta o fraudulenta en tu archivo de MIB debido a un robo de identidad, eso podría resultar en:

- **Primas de seguro de vida o de salud más altas**
- **Retrasos o negaciones en la cobertura**
- **Evaluaciones de riesgos injustificadas por parte de las aseguradoras**

Tienes derecho a solicitar una copia gratuita de tu archivo de consumidor de MIB una vez al año a www.mib.com. Si encuentras errores, puedes disputarlos, de manera similar a como lo harías con un informe crediticio. MIB debe investigar y responder dentro de 45 días. Esto hace que verificar tu archivo de MIB sea un paso crucial para recuperarte del robo de identidad médica o garantizar que tu perfil de seguro siga siendo correcto.

Si un proveedor te niega el acceso a tus propios registros debido a los derechos de privacidad del ladrón de identidad, puedes presentar una queja ante la **Oficina de Derechos Civiles del Departamento de Salud y Servicios Humanos de los Estados.**

## Fraude que involucra cargos criminales

Si alguien usa tu identidad durante un arresto o un asunto legal, debes actuar rápidamente para limpiar tu nombre:

1. Comunícate con la agencia de orden público que hizo el arresto y presenta un reporte.
2. Envía huellas dactilares, una identificación con foto y documentos de respaldo.
3. Pide a la agencia que:

- Compare tus registros con los del impostor.
- Corrija todas las bases de datos relevantes.
- Emita un **certificado que indique que no tienes antecedentes penales** o un **certificado de liberación**

Si ocurrió un caso judicial:

1. Comunícate con el tribunal donde se presentaron los cargos.
2. Solicita registros del fiscal de distrito.
3. Proporciona pruebas de tu identidad.
4. Solicita un **certificado de antecedentes**.

También puedes:

- Contactar al **Fiscal General de tu Estado** para consultar sobre un programa de pasaporte por robo de identidad.
- Comunicarte con corredores de datos que recopilan antecedentes penales para empleadores y cobradores de deudas. Solicita que se eliminen los registros falsos.

Mantén registros detallados:

- Mantén un registro de teléfono y correo de todos los contactos.
- Conserva copias de cada documento.

Nota: Muchos empleadores utilizan servicios de verificación de antecedentes como Checkr, HireRight y Accurate. Puedes disputar los registros penales incorrectos con la **Oficina de Protección Financiera del Consumidor (CFPB)** si los datos se vendieron o se usaron incorrectamente.

Debido a la complejidad legal, considera contratar a un abogado de defensa criminal para que te ayude a limpiar tu nombre.

# CINCO

# Cómo atrapar a un ladrón de identidad

Para evitar daños mayores y respaldar las investigaciones policiales, las víctimas deben cooperar con las autoridades federales y locales. Según el Departamento de Justicia de los Estados Unidos, un caso infame involucró a un ladrón que acumuló más de $100,000 en deudas de tarjetas de crédito, obtuvo un préstamo hipotecario federal e hizo compras importantes que incluían armas de fuego, joyas caras, todo a nombre de la víctima. Incluso se declaró en bancarrota usando la identidad robada. La víctima pasó más de cuatro años y gastó más de $15,000 restaurando su crédito y nombre.

Este caso condujo a la creación de nuevas leyes:

- En 1998, el Congreso aprobó la **Ley de Prevención del Robo y Suplantación de Identidad**, que convirtió en delito federal el uso consciente de la identidad de otra persona sin permiso.

En **2004**, la **Ley de Agravamiento de las Penalidades por Robo de Identidad** aumento las penas. El robo de identidad básico conlleva una sentencia mínima de cinco años. Si la identidad robada se usó para cometer otro delito grave, se agregan dos años adicionales. Para delitos relacionados con el terrorismo o la inmigración, las sentencias pueden llegar a los 30 años.

Los ladrones de identidad que son condenados frecuentemente deben pagar multas, entregar activos obtenidos ilegalmente y cumplir sentencias completas de prisión sin la opción de libertad condicional.

*Ejemplo*:

Marcus dirigía una red de fraude con tarjetas de crédito que se enfocaba en víctimas de edad avanzada, robando sus números de Seguro Social y abriendo líneas de crédito a su nombre. Después de una investigación de un año, fue atrapado con más de $250,000 en artículos de lujo y productos electrónicos comprados a través de identidades falsas.

En la corte, Marcus fue condenado por múltiples cargos de robo de identidad y fraude electrónico. El juez le ordenó pagar restitución; entregar todos los activos que obtuvo a través de la estafa, incluyendo un automóvil deportivo arrendado y productos electrónicos de alta gama, y cumplir una sentencia de prisión federal de siete años sin opción de libertad condicional.

Su historia sirve como un recordatorio de que el robo de identidad no es solo un delito digital, sino que causa graves consecuencias legales y financieras.

# PREVENCIÓN DEL ROBO DE IDENTIDAD

Muchas empresas anuncian servicios de supervisión de crédito, que pueden atraer a personas preocupadas por el robo de identidad o que ya han experimentado una brecha de datos. Si bien estos servicios pueden brindar tranquilidad, a menudo se aprovechan de los temores de las personas. La supervisión de crédito puede valer la pena el costo (a menudo más de $100 por año) para aquellos que no tienen el tiempo o la disciplina para verificar su crédito con regularidad. Sin embargo, la mayoría de las personas pueden supervisar y ayudar a prevenir el robo de identidad por su cuenta manteniéndose organizados, vigilantes y proactivos.

El viejo dicho "La prevención es la mejor medicina", también es válido para el robo de identidad. La forma más efectiva de protegerse es asegurar tu información personal, tanto en línea como fuera, y revisar rutinariamente tus registros financieros y de consumo. Esto incluye revisar:

- **Cuentas bancarias** en busca de transferencias no autorizadas, retiros o cuentas recién abiertas
- **Estados de cuenta de tarjetas de crédito** en busca de cargos no reconocidos o tarjetas recién emitidas a tu nombre
- **Cuentas de jubilación** en busca de distribuciones inesperadas o cambios de beneficiarios
- **Cuentas de inversión y del mercado monetario** en busca de actividades inusuales o aperturas de nuevas cuentas
- **Plataformas de pago digital** como PayPal, Cash App o Venmo en busca de transacciones no autorizadas

Además de supervisar tus cuentas, revisa tus **informes crediticios** al menos una vez al año en cada una de las tres principales agencias de crédito: **Equifax**, **Experian**, **TransUnion**, a las que puedes acceder de forma gratuita en AnnualCreditReport.com. También debes verificar tu archivo con **Innovis**, una cuarta agencia de crédito menos conocida pero legítima. Al igual que los demás, Innovis te permite solicitar un informe crediticio gratuito anualmente, colocar alertas de fraude o congelamientos y disputar información inexacta. Algunos prestamistas y proveedores de servicios utilizan Innovis para tomar decisiones crediticias, por lo que es importante incluirlo en tu rutina de supervisión.

También considera consultar agencias alternativas de informes del consumidor, que incluyen:

- **LexisNexis** – Rastrea registros públicos, reclamaciones de seguros y datos de verificación de antecedentes utilizados por empleadores y aseguradoras.
- **MIB Group, Inc.** – Comparte el historial médico y personal codificado con las compañías de seguros y puede influir en las aprobaciones de pólizas de vida, salud y discapacidad.
- **ChexSystems y servicios de alerta temprana** – Utilizados por los bancos para rastrear la actividad de cuentas de depósito, lo que puede afectar tu capacidad para abrir una nueva cuenta corriente o de ahorros.

Cada una de estas agencias ofrece el derecho de solicitar un informe gratuito anualmente, y puedes disputar la información incorrecta directamente con ellos.

Al supervisar todos los aspectos de tu perfil financiero, no solo tu crédito, puedes detectar señales de fraude temprano y tomar medidas rápidas para proteger tu identidad.

## Utiliza tecnología segura:

- Utiliza administradores de contraseñas para crear y almacenar contraseñas seguras y únicas.
- Habilita la autenticación multifactorial (MFA) en todas las cuentas cuando esté disponible.
- Aprovecha las características de seguridad integradas de cada dispositivo, como Face ID, Windows Hello o claves de acceso (autenticación basada en FIDO), que son más seguras que las contraseñas tradicionales.

## Supervisa el crédito de tus hijos:

- La mayoría de los niños menores de 16 años no deben tener un informe crediticio. Si lo tienen, puede ser una señal de robo de identidad.
- Puedes solicitar el informe crediticio de un niño de parte de cada una de las cuatro agencias principales: Equifax, Experian, TransUnion e Innovis, para verificar si hay actividad sospechosa.

## Supervisa tu crédito regularmente:

- Revisa estados de cuenta bancarios y de tarjetas de crédito con frecuencia para detectar cargos no autorizados.
- Tienes derecho a un informe crediticio gratuito por año de cada una de las tres principales agencias de crédito.

- Una buena estrategia es obtener un informe cada cuatro meses de una oficina diferente para monitorearlo durante todo el año.

Algunas compañías de tarjetas de crédito ofrecen acceso **gratuito** a tu puntaje de crédito o servicios de alerta. Si bien esto puede ser útil, no es una razón para abrir o hacer un mal uso de una tarjeta de crédito.

## Mantén tus documentos físicos de información personal seguros:

- Guarda documentos financieros y registros personales en un cajón cerrado con llave o en una caja fuerte.
- Limita lo que llevas contigo. Carga solo las identificaciones, tarjetas de crédito o débito que necesitas. Deja tu tarjeta de Seguro Social en casa, guardada en un lugar seguro.
- Si cargas una tarjeta de Medicare, considera hacer una copia con todos los dígitos tachados, excepto los últimos cuatro dígitos.
- Antes de dar información personal a un lugar de trabajo, escuela o consultorio médico, pregunta por qué es necesaria, cómo se protegerá y qué sucede si decides no compartirla.
- Tritura documentos confidenciales como recibos, facturas, formularios de seguros, extractos bancarios, tarjetas vencidas y ofertas de crédito antes de desecharlos.
- No compartas información de tu plan de salud con nadie que ofrezca servicios o productos "gratuitos".
- Si estás lejos de casa, solicita una pausa de vacaciones en tu correo de USPS.

- Regístrate para recibir estados de cuenta electrónicos para evitar el robo físico de tu buzón de correo.
- Cuando solicites cheques nuevos, pídelos a una dirección segura.

## Optar por no recibir ofertas no deseadas:

- Reduce tu exposición optando por no recibir ofertas de crédito y seguros preseleccionadas durante cinco años o de forma permanente. Visita optoutprescreen.com o llama al 1-888-5-OPT-OUT (1-888-567-8688).

## Limita las llamadas no deseadas para reducir el riesgo:

Protégete de las estafas de telemercadeo y el robo de identidad por teléfono registrando tu número de teléfono en el Registro Nacional de No Llamar. Si bien esto no bloquea todas las llamadas, reduce significativamente tu exposición a solicitudes no solicitadas y te ayuda a identificar actividades sospechosas más fácilmente.

- Registra tu número en www.donotcall.gov o llama al 1-888-382-1222 desde el teléfono que deseas agregar.
- Reduce las llamadas legítimas de telemarketing, lo que hace que las llamadas fraudulentas sean más fáciles de detectar.
- Ayuda a minimizar el riesgo de fraude al limitar el acceso a tu número de teléfono.
- El registro es gratuito y nunca se vence a menos que elimines tu número.

Mantenerte alejado de las listas de llamadas de marketing es una forma simple pero efectiva de reducir tu vulnerabilidad a las estafas telefónicas y el robo de identidad.

## Presenta tu declaración de impuestos temprano:

- El robo de identidad fiscal puede ocurrir cuando alguien presenta una declaración fraudulenta en tu nombre. La presentación anticipada reduce este riesgo al llegar al IRS antes que los estafadores.

Mantenerte informado y desarrollar buenos hábitos puede reducir significativamente las posibilidades de que te conviertas en víctima de robo de identidad. La supervisión constante, el comportamiento seguro y la planificación proactiva son tus mejores líneas de defensa.

## Mantén tu información personal segura en línea:

- **Mantente atento a los suplantadores:** Solamente comparte información personal cuando hayas iniciado el contacto o estés seguro de la identidad del destinatario. Si una empresa te envía un correo electrónico solicitando datos confidenciales, ve directamente a su sitio web escribiendo la URL en tu navegador o llama al número que aparece en tu estado de cuenta.
- **Evita hacer clic en enlaces o descargar archivos adjuntos de fuentes desconocidas.** Estos pueden contener malware que registra tus pulsaciones de teclas o extrae tu información de inicio de sesión.

- **Desecha los datos personales de forma segura:** Usa programas de limpieza de información para borrar permanentemente los datos personales de las computadoras y dispositivos antes de desecharla. Elimina las tarjetas SIM y las tarjetas de memoria de los teléfonos, y elimina los registros de llamadas, las listas de contactos, los correos de voz, los mensajes de texto, las fotos y el historial de navegación.
- **Mantén el software actualizado:** Instala y actualiza regularmente el software antivirus, antispyware y cortafuegos. Habilita las actualizaciones automáticas para mantenerte protegido contra las amenazas más recientes.
- **Usa sitios web seguros para transacciones en línea:** Busca un símbolo de candado en la barra de direcciones de tu navegador y asegúrate de que la URL comience con "https" antes de ingresar información confidencial.
- **Evita guardar credenciales de inicio de sesión en dispositivos públicos o compartidos.** Siempre cierra la sesión cuando hayas terminado.
- **Usa contraseñas seguras:** Crea contraseñas usando acrónimos o frases y sustituye números o símbolos para fortalecerlas. *Ejemplo*: "Quiero ver el Océano Pacífico" se convierte en "1W2CtPo".
- **Limita lo que compartes en las redes sociales:** Evita publicar fechas de nacimiento, direcciones u otros identificadores personales. Los cuestionarios y encuestas de redes sociales a menudo recopilan detalles que se pueden usar para adivinar preguntas de seguridad.
- **Ten cuidado con las redes Wi-Fi públicas:** No entres información personal o financiera utilizando redes Wi-Fi públicas a menos que estés utilizando una conexión VPN segura y cifrada.

- **Lee las políticas de privacidad:** Aunque a menudo son extensas, las políticas de privacidad explican cómo los sitios web recopilan, almacenan y comparten tus datos. Si un sitio carece de transparencia, considera utilizar otro.
- **Ten cuidado al responder llamadas desconocidas:** Los estafadores pueden usar IA para grabar tu voz durante saludos casuales como "hola" o "sí". Ese audio se puede usar para hacerse pasar por ti en sistemas automatizados o autorizar actividades fraudulentas. Evita participar y cuelga si la llamada parece sospechosa.

**Recuerda: S.C.A.M. (por sus siglas en inglés) —** (Departamento de Justicia de los Estados Unidos)

S – Se **tacaño ("stingy")** con su información personal.

C – **Revisa ("check")** tus estados financieros e informes crediticios con regularidad.

A – **Solicita ("ask")** tu informe de crédito anualmente.

M – **Mantén ("maintain")** registros organizados de tus documentos financieros.

## Detectar. Impedir. Resolver.

El robo de identidad es más que un delito financiero. Es una violación personal que puede dejar cicatrices emocionales, legales y financieras duraderas. Pero el conocimiento es poder, y la acción es tu defensa más fuerte. Este libro fue creado para ayudarte a hacer más que solo comprender el robo de identidad. Fue diseñado para equiparte con un marco práctico y comprobado para detectar, prevenir y resolver amenazas relacionadas con la identidad en cada etapa.

Al aprender a detectar las primeras señales de advertencia, como cargos no familiares, correo sospechoso o cambios en tu informe crediticio, puedes detener el robo de identidad antes de que se salga de control. Mantenerte alerta y revisar tus registros con regularidad es la primera y más crítica capa de protección.

A través de hábitos inteligentes y medidas fuertes, puedes prevenir gran parte del daño que los ladrones de identidad intentan causar. Ya sea congelando tu crédito, asegurando tus dispositivos, protegiendo tus números de Seguro Social o limitando lo que compartes en línea, la prevención se trata de ser proactivo, no paranoico.

Y si ya has sido afectado, ahora tienes una guía clara paso a paso para resolver el problema. Desde presentar un informe de robo de identidad y congelar tu crédito hasta trabajar con la policía y disputar cuentas fraudulentas, existe un proceso y no estás solo.

No eres indefenso. No eres invisible. No todo está perdido.

El robo de identidad puede sacudir tus cimientos, pero no tiene la última palabra. Con las herramientas adecuadas y el conocimiento adecuado, puedes retroceder y ganar. Ahora comprendes cómo *detectar* actividades sospechosas antes de que se propaguen, cómo *evitar* que los ladrones obtengan acceso a lo que es tuyo y cómo *resolver* el daño con precisión y confianza.

Se trata de algo más que recuperar lo que se ha robado. Se trata de reclamar tu nombre, tu tranquilidad y tu futuro. Ningún estafador, fallo del sistema o brecha de datos puede definir tu valor. Lo que te define es cómo respondes y, a partir de este momento, estás armado con claridad, estrategia y control.

No solo puedes sobrevivir al robo de identidad. Tienes la oportunidad de recuperarte siendo más inteligente, más fuerte y más inquebrantable que nunca.

Mantente informado. Mantente alerta. Y recuerda siempre:

**Detectar. Impedir. Resolver.** Tu identidad vale la pena.

*La protección proactiva de tus datos personales en línea es una de las herramientas más poderosas que tienes para defenderte contra el robo de identidad.*

# SEIS

## Sobre la autora

Después de superar sus propios desafíos financieros y experimentar personalmente el robo de identidad, Jacqueline Willcot se propuso ayudar a otros a recuperar el control de sus vidas financieras. Con más de dos décadas de experiencia, particularmente con clientes que se recuperan después de reveses financieros, ella comprende lo perjudicial que puede ser el robo de identidad, no solo para tus finanzas, sino también para tu sentido de estabilidad y tranquilidad.

A través de sus libros, entrenamiento y educación comunitaria, Jacqueline empodera a la gente común para proteger lo que más importa. Su enfoque es honesto, identificable y arraigado en la creencia de que proteger tu identidad es una parte fundamental para asegurar tu futuro financiero. Le apasiona dar a otras personas las herramientas, el conocimiento y la confianza para reclamar su poder y vivir la vida con claridad y libertad.

www.ingramcontent.com/pod-product-compliance
Lightning Source LLC
Chambersburg PA
CBHW051918250726
48659CB00002B/714